AF509236

DISCOVRS

MERVEILLEVX D'VN
miracle aduenu le quinziefme
iour de Feburier mil six cents
dixhuict, dans Salebrit en Lorraine, de trois blasphemateurs
du sainct nom de Dieu, lesquels
ont esté brisez & emportez du
tonnerre du Ciel.

Iouxte la Copie imprimee
A PARIS,
Chez la vefue Iean du Carroy,
M D C X V I I I.

DISCOVRS MERVEIL-

leux d'vn miracle aduenu le
quinziesme iour de Feburier
mil six cents dixhuict, dãs Salebrit en Lorraine, de trois blasphemateurs du sainct Nom
de Dieu, lesquels ont esté brisez
& emportez du Tonnerre du
Ciel.

Ombien que tous les pechez mortels
nous soient estroictement deffenduz,
comme estanrs la cause de nostre da-
mnation, & la priuation de tous biens, tou-
tesfois il y en a d'iceux quelques vns plus
horribles & detestables, comme les blasphemes & la luxure. Car le blasphemateur ne
gaigne rien à son iurement, & ne luy eu revi-
ent aucun profit, ains il semble qu'il crache
contre le Ciel & que le deshonneur luy en

retombe fur la face , & d'abondant que Dieu n'a laiſſé en arriere la peine promiſe au iureur & blaſphemateur quand il a dit, qu'il ne le tiendra point pour innocent , lors qu'il aura pris ſon nom en vain. Quand au luxurieux auſſi il eſt digne de double chaſtiment , car il perd le corps & l'ame. Le corps lors qu'il conſomme toutes ſes forces naturelles, leſquelles Dieu luy a donnees pour en vſer auec raiſon, & ſelon la loy, & ſelon l'ame, lors que il defere à la creature plus qu'au Createur. Cela nous eſt euident & manifeſte en l'exemple deplorable de ces trois miſerables blaſphemateurs & paillards, deſquels ie vous raconte briefuement l'hiſtoire. C'eſt qu'en Bretaigne dans le village de Sauigny , trois enfans deprauez & deſbauchez en toute ſorte de malice, n'ayant peu ſupporter la correcti-on des parens ny des maiſtres, emporterent de la maiſon de leurs peres tout ce qu'ils peurent, & s'en allerent courir de tous coſtez, mais particulierement eſtants en Lorraine ils deſbaucherent trois ieunes filles , leſquelles parauanture ne firent pas grande reſiſtance, car elles trouuerent ce qu'elles cherchoient, & auec icelles couroient le pays, & non con-tents, lors qu'ils eſtoient en quelque hoſtelle-rie, ne ſe contentants de leurs ſaletez accou-ſtumees, mais prenoient plaiſir à renier Dieu

& blaſphemer effrontemēt, & vouloient que
leurs putains y prinſſent auſſi plaiſir , mais
comme lon dit, que pour trainer ſon lien on
n'eſt pas eſchappé. Auſſi arriua il qu'vn iour
dans Salebrit, s'eſtans enyurez & ayans com-
mis toutes ſortes de deshonneſtetez , ils pro-
uoquoient les vns & les autres à iurer & blaſphemer , & encores vouloient ils que leurs
garces fiſſent de meſme. Mais eſtant en ceſt
eſtat, vn tonnerre bruyant s'eſleua petit à petit, puis tout à coup entra dans la chambre,
ou eſtoient ces malfaicteurs, & les emporta
par pieces & morceaux à plus d'vn quart de
lieuë de là, & laiſſant les trois putains comme immobiles & inſenſibles, de ſorte que à
plus de cincq heures apres la tempeſte paſſee
elles ne pouuoient encores deſſerrer les dens
ce qui eſpouuenta tous les habitans dudict
lieu, & les fit redouter la punition de Dieu.
Eſtant donc reuenues à elles, elles declarerent
la meſchanceté des miſerables briſez & fra-
caſſez du tonnerre, & dirent qu'à la verité elles auoient offenſé Dieu par pluſieurs fois en
leurs impudicitez, & que ces meſchans blaſphemateurs, leſquels eſtoient morts , leur a-
uoient voulu faire commettre pluſieurs cho-
ſes deteſtables & odieuſes, ce qu'elles n'au-
roient voulu faire. Cela doit retenir chacun
en la crainte & en l'obeyſſance de Dieu, mais

maintenant on ne les punit ny les vns ny les autres, autant les blasphemateurs regnent cōme les putains, & qui pis est, on ne reprend ny les vns ny les autres, car si vous les accu-sez on vous demande des tesmoings, & si vous les reprenez amiablement vous courez risques d'auoir vn coup d'espee ou de poignar car telles gens n'espargnent personne, & n'ont aucune crainte, mais nonobstant les Magistrats doiuent venir la main feurement à telles choses, & ne supporter ny le blasphe-me ny la paillardise, de ces deux depend la ruine des grands Royaumes & des Empires, & lors que les puanteurs de ces pechez crient vengeance contre le Ciel. Il vaudroit beau-coup mieux pour le salut des ames que ces pernicieux personnages là fussent punis par les Officiers de Iustice, que d'estre ainsi fou-droyez par les Anges executeurs de la iustice de Dieu. Car comme dit l'Apostre, il est dangereux de cheoir és mains de Dieu viuant Et vous autres filles que vous estes folles de vous laisser charmer de belles parolles par des paillards, lesquels de plein abord vous pro-mettent beaucoup de douceurs, mais la fin en est tres-amere, car vous n'auez pas si tost per-du le precieux ioyau de vostre virginité, qu'il faut que soyez attristees de mille regrets, ou que vous soyez resolues de n'auoir honte au-

cune, ains de lascher la bride à toute effron-
terie. Resistez donc vertueusement aux ten-
tations deshonnestes de ces mal-heureux, &
voyez ce danger que vous encourez auec tels
associez. Adonnez vous à trauailler à des
ouurages necessaires de peur que l'oisiueté,
mere de tous vices, ne vous face succomber
à beaucoup de meschancetez, Dieu vueille
que chacun apprehende tellement ses iustes
iugemens, que desormais lon se corrige de
de tous blasphemes, paillardises & autres vices, à fin que viuans selon ses commandemés
lon ioüisse des promesses qu'il a faictes à tous
ceux qui l'aymeront & seruiront d'vn cœur
pur & net.   Ainsi soit il.